www.ingramcontent.com/pod-product-compliance
Lightning Source LLC
LaVergne TN
LVHW041103080225
803268LV00007B/275
9781073848737